Analyse de l'œuvre

Par Catherine Bourguignon
et Larissa Duval

Rhinocéros

d'Eugène Ionesco

Rendez-vous sur lepetitlitteraire.fr et découvrez :

Plus de 1200 analyses
Claires et synthétiques
Téléchargeables en 30 secondes
À imprimer chez soi

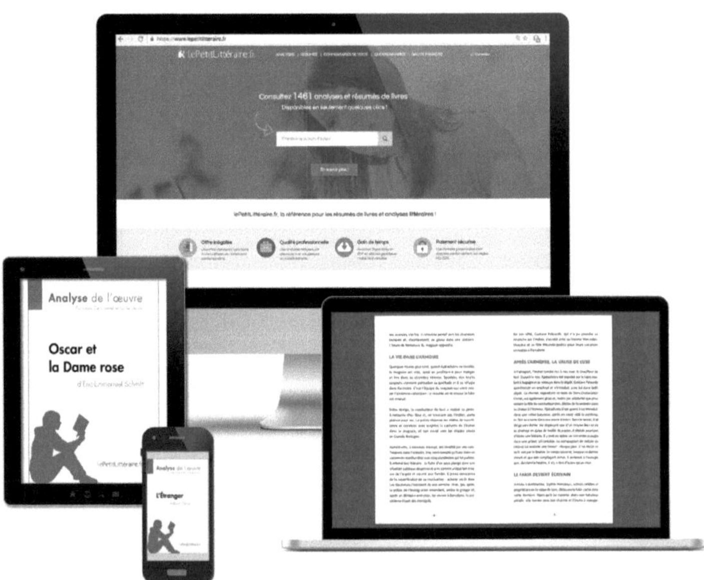

EUGÈNE IONESCO

DRAMATURGE FRANÇAIS

- **Né en 1909 à Slatina (Roumanie)**
- **Décédé en 1994 à Paris**
- **Quelques-unes de ses œuvres :**
  - *La Cantatrice chauve* (1950), pièce de théâtre
  - *La Leçon* (1951), pièce de théâtre
  - *Le roi se meurt* (1962), pièce de théâtre

Né d'un père roumain et d'une mère française, Eugène Ionesco (1909-1994) arrive en France un an après sa naissance et sera naturalisé français en 1951. Son œuvre théâtrale (*La Cantatrice chauve*, 1950 ; *La Leçon*, 1951 ; *Les Chaises*, 1952, etc.) a marqué la littérature : il est aujourd'hui l'un des dramaturges français les plus joués dans le monde. Soucieux d'être compris, il a aussi laissé beaucoup de commentaires sur son œuvre (*Notes et contre-notes*, 1962 ; *Journal en miettes*, 1967, etc.). Il fut élu à l'Académie française en 1970. Ionesco est le chef de file du théâtre de l'absurde, nouveau genre théâtral qui vient, au lendemain de la Seconde Guerre mondiale, bousculer les règles du théâtre classique.

RHINOCÉROS

UNE CONTRE-UTOPIE ORIGINALE

- **Genre** : pièce de théâtre
- **Édition de référence** : *Rhinocéros*, Paris, Gallimard, coll. « Folio », 1959, 246 p.
- **1re édition** : 1959
- **Thématiques** : métamorphose, totalitarisme, conformisme, volonté, lutte

Rhinocéros est une pièce publiée en 1959 et jouée pour la première fois la même année. Elle met en scène une étrange épidémie, la « rhinocérite », par laquelle les habitants d'une petite ville se métamorphosent en rhinocéros. En mêlant comique et tragique, cette pièce montre les dangers du conformisme qui fait disparaitre la pensée individuelle et favorise la mise en place des idéologies totalitaires. Elle est aujourd'hui, comme *La Peste* de Camus (écrivain français, 1913-1960) ou *1984* d'Orwell (écrivain britannique, 1903-1950), un classique mondial de la littérature antitotalitaire.

RÉSUMÉ

Jean et Bérenger s'installent à la terrasse d'un café pour boire un verre, sur la place d'une petite ville. Jean, un bourgeois prétentieux, reproche à Bérenger son air négligé : il a les cheveux hirsutes, il ne porte pas de cravate, son costume est chiffonné et il a encore abusé de la boisson la veille. Plus globalement, Jean critique le manque de volonté de Bérenger sans comprendre le malêtre qui se cache derrière son comportement. Lorsque Daisy, une collègue de Bérenger, arrive, ce dernier, qui éprouve des sentiments pour elle, se cache car il ne veut pas qu'elle le voie dans cet état. Il confie à Jean qu'il n'a plus gout à rien et qu'il se sent lourd. Seul l'alcool le rend léger. Jean exhorte alors son ami à se prendre en main. Pour lui, tout est question de volonté et il faut profiter de son temps libre pour se cultiver. Mais, alors que Bérenger est prêt à aller au musée l'après-midi et au théâtre le soir même, Jean refuse de l'accompagner, prétextant que l'après-midi, il fait la sieste (« C'est dans mon programme », p. 57) et que le soir, il est invité à une fête (« J'ai promis d'y aller, je tiens mes promesses », p. 58).

À ce moment, un rhinocéros passe devant le café. Jean, la serveuse et le patron du café, ainsi que les épiciers d'en face, sont stupéfaits. Seul Bérenger n'y voit rien d'extraordinaire. Passe ensuite un deuxième rhinocéros. L'épisode provoque le même effet : la stupeur de Jean et des autres personnes présentes sur la petite place, l'indifférence de Bérenger. Un grand débat commence alors. Est-ce le même rhinocéros que le premier ou pas ? Avait-il une ou deux cornes ? Est-ce un rhinocéros d'Afrique ou un rhinocéros d'Asie ? Bérenger et Jean se disputent. Ce dernier part. Le logicien arrive sur scène pour éclairer la situation, mais il ne résout absolument rien (« Le problème est posé de façon correcte », p. 86).

Au travail, les collègues de Bérenger se lancent dans un grand débat. Daisy affirme avoir vu un rhinocéros et un article du journal corrobore ses dires, mais Botard n'y croit pas. Bérenger, ne sachant pas dire si le rhinocéros avait une ou deux cornes, passe encore pour un ivrogne. Ils apprennent alors qu'un rhinocéros se trouve devant l'entrée et est en train de détruire l'escalier. Il s'agit de M. Bœuf, un de leurs collègues. Son épouse repart sur son dos. Comme ils ne savent plus descendre par l'escalier, Daisy appelle les pompiers, mais ceux-ci sont surchargés de travail : on recense dix-sept rhinocéros dans la ville, contre sept le matin. Malgré ces évènements, Botard continue de ne pas trop y croire. Il prétend avoir la clé du mystère et connaitre les traitres. Les pompiers arrivent et font sortir les employés un à un par la fenêtre.

Lorsque Bérenger se rend chez Jean pour s'excuser de leur différend de la veille. Jean est alité. Il ne se sent pas bien, mais il est persuadé que cela ne peut pas lui arriver d'être malade : il dispose d'une hérédité parfaite, est en bonne santé et n'a pas besoin de voir un médecin. Peu à peu, il verdit, ses raisonnements se font plus animaliers (« Je dois chercher ma nourriture », p. 148 ; « qu'ils [les hommes] ne se mettent pas en travers de ma route, je les écraserais », p. 152) et une bosse apparait sur son front : il se transforme en rhinocéros. Bérenger sort de l'appartement. Tous les autres habitants de l'immeuble se sont aussi transformés en rhinocéros et, dans la rue, il aperçoit un troupeau de rhinocéros.

Bérenger rentre chez lui et Dudard, un collègue, vient lui rendre visite. Bérenger est sous le choc suite à la transformation de Jean en rhinocéros. Il a très peur de la contagion. Il essaie de se convaincre qu'avec de la volonté, il pourra rester humain. Dudard, par contre, relativise : pour lui ce n'est qu'une épidémie de rhinocérite, c'est tout naturel. Il raconte que leurs chefs, M. Papillon et M. Botard (pourtant sceptique face à l'épidémie de rhinocérite) se sont transformés eux aussi. Daisy arrive pour réconforter Bérenger. Le téléphone sonne : des bruits de rhinocéros se font entendre au bout du fil. La radio ne diffuse plus que des bruits d'animaux. Les magasins de la ville sont saccagés ou « fermés pour cause de transformation » (p. 210). Visiblement attiré par les rhinocéros et craignant de déranger Daisy et Bérenger, Dudard s'en va et se transforme lui aussi en rhinocéros.

Daisy et Bérenger, se retrouvant à deux, filent alors l'amour parfait. Mais ils ont l'impression de vivre vingt-cinq ans en cinq minutes : leur couple s'effiloche et Daisy finit par s'en aller, elle aussi attirée par les rhinocéros. Bérenger reste seul face à son miroir (« Ce n'est tout de même pas si vilain que ça un homme », p. 245) : il est le dernier humain et veut lutter jusqu'au bout.

ÉTUDE DES PERSONNAGES

BÉRENGER

Protagoniste principal de la pièce, Bérenger n'est pourtant qu'un petit employé de bureau tout ce qu'il y a de plus ordinaire, sans beaucoup de consistance. Timide et manquant de confiance en lui, il est mal dans sa peau (« Je me sens mal à l'aise dans l'existence [...] Je ne me suis pas habitué à moi-même », p. 42) et parait incapable de profiter de la vie, préférant plonger dans une angoisse existentielle sans fin plutôt que de trouver autour de lui de quoi donner un sens à son quotidien (« Moi je ne m'y fais pas. Non, je ne m'y fais pas, à la vie », p. 20). D'ailleurs, il ne s'intéresse absolument pas au monde dans lequel il vit ; il ignore même que sa propre ville ne dispose ni de jardin zoologique ni de bois marécageux alentour. Les seules personnes qu'il fréquente sont ses collègues, y compris son meilleur ami Jean. Son manque d'imagination et d'intérêt pour ce qui l'entoure l'amène à s'ennuyer fermement (« Je n'ai guère de distractions, on s'ennuie dans cette ville », p. 20). Pour tromper son ennui, il boit beaucoup et rêvasse sans arrêt, ne prenant l'initiative de rien et négligeant son apparence. Jean l'exhorte d'ailleurs à avoir plus de volonté, à être moins mou.

Totalement déconnecté de la réalité, Bérenger ne prend acte des choses que lorsqu'elles le concernent directement. Assis à une table de café avec Jean, il est ainsi plus marqué par le passage de sa collègue Daisy, dont il est amoureux, que par celui du premier rhinocéros. C'est seulement lorsque le phénomène commence à impacter son existence, en touchant ses collègues les uns après les autres, qu'il y attache quelque importance. Au fur et à mesure que se propage la rhinocérite, Bérenger prend conscience du risque de contagion et se demande si l'on peut, si on le veut, résister à la tentation. Il se persuade que c'est une affaire de volonté, et qu'il résistera jusqu'au bout.

Au cours du dernier monologue cependant, sa décision de ne pas se transformer, qu'il commence par réaffirmer (« Je ne vous suivrai pas, je ne vous comprends pas ! Je reste ce que je suis. Je suis un être humain. Un être humain », p. 245), est mise à l'épreuve de la solitude. Bien que plutôt solitaire de nature, il panique à l'idée de se retrouver dernier homme sur Terre, le seul à parler son langage, au point qu'il se met lui-même à douter de parler français. Il est désormais en rupture totale avec les autres : plus personne ne peut le comprendre, plus personne ne peut partager ses repères et ses valeurs, qu'il peine d'ailleurs à conserver. Aussi finit-il par se trouver laid, voire monstrueux, au regard des critères esthétiques des rhinocéros. Il est privé de l'image que lui renvoient habituellement ses congénères. Sans doute est-ce pour cette raison qu'il cherche sans cesse à s'observer dans un miroir, seul objet encore capable de l'aider dans sa quête d'identité. Effrayé, il change d'avis et finit par désirer rejoindre le troupeau de rhinocéros, mais il ne parvient pas à se transformer. Finalement, devant son incapacité à changer, n'ayant pas d'autre choix, il défie la majorité en se positionnant résolument à contrecourant du monde entier (« Je ne capitule pas », p. 246).

Ainsi, gardien malgré lui de la conscience humaine universelle (ses traits semblent d'ailleurs se fondre peu à peu jusqu'à ce qu'il se reconnaisse indistinctement dans différents tableaux représentant un vieillard, une grosse femme et un autre homme), Bérenger incarne l'antihéros par excellence. Homme modeste, sans qualités, alcoolique, il n'est pas celui qu'on admire – au contraire –, mais se retrouve sans l'avoir voulu, par simple réaction instinctive, le dernier défenseur de l'humanité, le dernier résistant à la contagion idéologique.

Outre dans *Rhinocéros*, le personnage de Bérenger apparait dans trois pièces de Ionesco : *Tueur sans gages* (1959), *Le roi se meurt* (1962) et *Le Piéton de l'air* (1963).

JEAN

Jean est un homme soigné et élégant. Grand bourgeois très prétentieux, il manque sérieusement d'indulgence envers son ami Bérenger, se montre dur avec lui (« J'ai honte d'être votre ami », p. 19) et ne se gêne pas pour lui faire la leçon. Il prétend avoir réponse à tout. Ce personnage intransigeant et féroce, voire agressif, était tout destiné à se transformer en rhinocéros.

BOTARD

Botard représente les clichés univoques de la propagande totalitaire : sans cesse en colère, il parle par sous-entendus et se contredit, parfois dans une même phrase. Il se vante de son esprit méthodique, de son antiracisme, et critique ouvertement les patrons, l'Église et les journalistes. Au départ, il ne croit pas aux rhinocéros. Il prétend connaitre les responsables de cette « machination infâme ». Après s'être indigné violemment face à la transformation de son chef, M. Papillon, il se métamorphose à son tour, par lâcheté et conformisme.

DUDARD

Dudard est l'intellectuel typique qui veut expliquer la réalité et qui en arrive, à force de vouloir l'éclaircir, à la minimiser. Quand il va rendre visite à Bérenger, complètement bouleversé par la transformation de son ami Jean, il ne comprend pas pourquoi celui-ci s'inquiète et l'invite à relativiser, trouvant que les évènements ne sont absolument pas graves. Vu sa sérénité, Dudard parait le mieux armé pour résister à la tentation de la rhinocérite. Pourtant, à force de peser les choses, il en arrive à perdre toute lucidité et finit par céder à l'appel du nombre.

DAISY

Daisy, cette jeune secrétaire blonde, est le seul élément féminin de la pièce. Elle représente la femme aimée et consolatrice. Très réaliste, elle pense plus à déjeuner qu'à se laisser impressionner par la vague de rhinocérite. Mais elle n'a pas la force nécessaire pour s'engager dans la lutte aux côtés de Bérenger : la tentation de se fondre dans la masse est la plus forte. Elle finit donc par rejoindre les rhinocéros.

LE LOGICIEN

Le personnage du logicien ne fait que quelques apparitions dans la pièce, mais il a son importance : il représente l'inverse de Bérenger. Symbole des idéologues et des pseudo-intellectuels, il construit des raisonnements truqués qui aboutissent à des conclusions burlesques. Il succombe vite à l'épidémie.

CLÉS DE LECTURE

CONTEXTE D'ÉCRITURE

Avant d'être une pièce, *Rhinocéros* a d'abord été une nouvelle écrite en 1957, c'est-à-dire pendant la guerre d'Algérie qui voit s'affronter, de 1952 à 1962, l'armée française et les nationalistes algériens – principalement le FLN (Front de libération nationale). L'épisode de la bataille d'Alger plus particulièrement (1957) correspond en France à une effrayante montée d'un racisme mêlé de patriotisme agressif qui se répand parmi les citoyens, et que Ionesco trouve le moyen de dénoncer à travers sa nouvelle.

Plus largement, l'œuvre de Ionesco s'inscrit dans le contexte de la guerre froide (1945-1990), ce conflit qui fait suite à la Seconde Guerre mondiale engagée par les nazis et qui voit le monde se déchirer entre les deux idéologies incompatibles que sont la démocratie et le communisme.

En 1958, lors de l'adoption de la Cinquième République qui renforce – de manière inquiétante pour certains, dont Ionesco – le rôle du pouvoir exécutif par rapport au législatif, la nouvelle devient après quelques remaniements la pièce de théâtre que nous connaissons : désormais, Bérenger n'est plus le narrateur et, à la fin, il affirme avec plus de force son refus d'abandonner son humanité face à l'épidémie de rhinocérite. Avec ce texte, Ionesco se lance véritablement dans le théâtre politique – statut qu'il a toujours refusé à ses précédentes pièces. C'est sans doute une des raisons qui ont fait de *Rhinocéros* le premier grand succès de Ionesco, alors même que ses admirateurs de la première heure ont pu décrier la pièce pour sa moralité trop simpliste, trop immédiatement compréhensible par rapport à *La Cantatrice chauve* par exemple.

Jouée pour la première fois en 1959 en Allemagne, où elle est comprise comme une critique du nazisme, elle arrive à Paris l'année suivante. Le public français reprend alors l'interprétation antinazie, d'ailleurs cautionnée par Ionesco lui-même dans ses Notes et contre-notes (p. 275). En effet, l'auteur a assisté en Roumanie (où il a vécu entre 1922 et 1938), avec effroi et impuissance, à l'expansion des idées fascistes, qui ont peu à peu contaminé ses amis tandis que lui revenait en France avec sa femme pour y échapper.

LE THÉÂTRE DE L'ABSURDE

Avec Beckett (écrivain irlandais, 1906-1989) notamment, Ionesco est le fondateur du théâtre de l'absurde, un courant qui a vu le jour après la Seconde Guerre mondiale et qui se caractérise par la remise en cause de la dramaturgie traditionnelle (absence de véritable intrigue, personnalité des protagonistes assez effacée, spectacle total où les aspects visuels et auditifs ont énormément d'importance, etc.), par l'émergence du sentiment de l'absurdité de l'homme et de la vie, ainsi que par le thème de la communication impossible entre les êtres. Ce nouveau théâtre rappelle les thèmes existentialistes des œuvres de Sartre (écrivain et philosophe français, 1905-1980) et de Camus, mais si l'absurde de ces derniers débouchait sur un engagement ou sur une révolte, l'absurde de Ionesco semble, au contraire, s'immobiliser dans un tragique total.

Car si *Rhinocéros* commence sur un registre insolite et comique (un rhinocéros apparait dans une petite ville, mais les habitants continuent de vaquer à leurs occupations dérisoires), la pièce devient peu à peu tragique et fantastique (les transformations se multiplient et il ne reste plus qu'un homme pour résister). « Pessimiste gai », Ionesco se sert du comique pour décrire une situation tragique : l'impossibilité pour les hommes de communiquer entre eux.

> « Je n'ai jamais compris, pour ma part, la différence que l'on fait entre comique et tragique. Le comique étant l'intuition de l'absurde, il me semble plus désespérant que le tragique. Le comique est tragique, et la tragédie de l'homme dérisoire. » (IONESCO E., *Notes et contre-notes*, Paris, Gallimard, 1962)

UN CONFORMISME DANGEREUX

Dans cette pièce, tous les personnages, à l'exception de Bérenger, se transforment peu à peu en rhinocéros. Ionesco dénonce ici une certaine forme d'abdication : plutôt que de rester humain (ce qui implique de penser ses actes, de faire des choix et de défendre ses opinions), les hommes préfèrent lâchement suivre leur instinct animal et se fondre dans la masse, dans un certain conformisme.

Entre idéologies totalitaires...

La première interprétation qu'on a donnée à la pièce est donc celle d'une dénonciation du fascisme. Cette propagation d'une épidémie transformant les gens en animaux féroces et obtus, qui écrasent tout sur leur passage, forme en effet un parallèle évident – tellement évident que certains ont pu le lui reprocher – avec la contagion de la peste brune dans les années trente.

Mais ce n'est pas tant le régime politique qui est ici sur la sellette que l'idéologie en elle-même et le fanatisme qu'elle suscite. Ce que Ionesco fustige, ce ne sont pas les chefs qui s'emparent du pouvoir pour opprimer ; c'est la contagion de la bêtise, le renoncement de l'esprit à penser par lui-même pour simplement se conformer à la vision du plus fort ou du plus grand nombre. C'est cela que représente la transformation en rhinocéros : la mutation mentale qui s'opère face à un puissant courant d'opinion, faisant du converti un pachyderme opprimant ses opposants sans arrière-pensée. Cette critique ne s'applique pas qu'au nazisme, mais bien à toute idéologie qui prétend détenir la vérité unique et y asservir ses partisans, qu'il s'agisse du fascisme, du communisme, de l'extrémisme religieux ou de n'importe quelle doctrine.

Rhinocéros reste donc une pièce éminemment moderne qui dénonce à travers la rhinocérite – à laquelle il est très dur de résister, tout comme il est difficile de ne pas se laisser emporter lorsque l'opinion dominante est contre soi – toutes les hystéries collectives qui, même lorsqu'elles partent d'une pensée raisonnable, ne mènent qu'à la destruction de l'humanité.

... Et orthodoxie intransigeante

Ainsi, c'est au conformisme sous toutes ses formes que Ionesco s'attaque, pas seulement à ses formes les plus fanatiques. Il veut nous signifier que c'est déjà ce simple réflexe de suivre la majorité, que l'on pense innocent, qui est dangereux, car il peut mener à la fièvre collective sans crier gare.

Aujourd'hui, dans nos sociétés occidentales, c'est le conformisme à une certaine image de soi, à certains critères sociétaux, qui se fait despotique. Et cette pression sociétale se fait plus prégnante que jamais de par l'existence d'Internet et des réseaux sociaux. La différence reste difficile à gérer, car elle est synonyme de solitude, de marginalité. « Il faut suivre son temps », dit Botard en rejoignant les rhinocéros, tandis que Bérenger reste seul avec son libre arbitre, tout son entourage, même la femme aimée, finissant par succomber à la tentation du plus grand nombre.

Face à ce constat, Ionesco nous enjoint à nous méfier d'une trop grande identification à des idées, à un mode de vie particulier, qui nous enferme et nous rend intolérants envers la diversité. Il nous faut lutter contre notre besoin instinctif de nous intégrer à tout prix, de faire comme les autres. La vie est riche de cette altérité bénéfique à tous, et les normes ne doivent jamais devenir un carcan coercitif faisant de l'être humain un robot, ou un animal.

LA FAILLITE DU LANGAGE

Une satire du langage stéréotypé

Dans cette pièce, le langage est central : c'est presque lui le personnage principal. Or, en lisant les paroles prononcées par les personnages de la pièce, on se rend rapidement compte qu'ils parlent tous dans le vide : les répliques sont des lieux communs, des formules banales qui se succèdent avec une prétendue logique. Lorsque Jean, au début du premier acte, fait la morale à Bérenger, il semble répéter une leçon dont il n'a jamais vu lui-même les effets (il se contredit en effet par la suite, quand il dit qu'il fait la sieste au lieu d'aller au musée). Botard ne s'exprime aussi que par clichés et passe d'une idée à l'autre. Au début de la pièce, Bérenger est atteint du même mal. Mais lui, peu à peu, tente de donner un contenu aux mots et sent qu'il ne faut pas démissionner.

La condition humaine en crise

Le théâtre de Ionesco est un théâtre absurde où le message n'apparait pas en clair ; le spectateur doit le déchiffrer. Les échanges entre les personnages n'ont en effet que peu d'intérêt en soi, puisqu'ils s'arrêtent à des banalités, ne font que répéter des lieux communs. Le message se trouve donc plus loin, dans ce qu'implique cette inanité du langage. Pour le comprendre, il nous faut repartir de certaines fonctions fondamentales du langage :

- le langage sert à se construire en tant qu'être humain particulier, à se démarquer des autres en exprimant ses propres idées, ses propres croyances. À travers les mots qui permettent le développement de la pensée, l'homme devient capable de se définir lui-même ;
- le langage sert à communiquer, à échanger avec les autres.

Dans *Rhinocéros*, Ionesco déconstruit le langage, le vide

de son sens, afin qu'à son tour, le langage n'exprime plus que ce vide qui habite des personnages dépersonnalisés et incapables de communiquer.

- Les mots, désormais inconsistants, ne permettent plus aux protagonistes de se définir en tant qu'hommes, de développer leur personnalité. Dès le début de la pièce, ce langage déconstruit forme le signe avant-coureur de la crise qui s'annonce et, peu à peu, les hommes en viennent à abandonner un langage devenu inutile pour ne plus produire qu'un barrissement animal. Privés de personnalité, leur transformation en rhinocéros est alors complète.
- Les dialogues mécaniques et conventionnels reflètent l'impuissance qu'éprouvent les personnages à échanger véritablement avec les autres. Les mots ne créent plus de liens entre des personnes différentes ; ils échouent à exprimer des idées originales, personnelles, et à les partager. Chez Ionesco, le langage n'est plus outil de communication ; il se fait miroir d'une communication impossible entre des êtres qui ne cherchent pas à se faire comprendre et qui ne s'écoutent plus entre eux.

À travers la faillite du langage, c'est celle de la condition humaine qui est ici à l'étude. Le langage étant la formulation de la pensée, son échec signifie la perte de la capacité à réfléchir et à communiquer des idées, une capacité qui caractérise pourtant l'homme. Celui-ci se déshumanise alors jusqu'à former avec ses semblables un troupeau de rhinocéros obéissant sans plus de questionnement à la loi du plus fort.

PISTES DE RÉFLEXION

QUELQUES QUESTIONS POUR APPROFONDIR SA RÉFLEXION...

- Qu'est-ce qui fait de Bérenger un antihéros ?
- *Rhinocéros* est-elle une dénonciation ? Expliquez.
- Comparez cette pièce de Ionesco à *1984* de George Orwell. Le propos et le dessein des deux auteurs sont-ils les mêmes ?
- Pourquoi, selon vous, Ionesco a-t-il choisi de transformer les hommes en rhinocéros et pas en un autre animal ?
- Comparez la place et la fonction du langage dans cette pièce et dans *La Cantatrice chauve*, du même auteur.
- L'œuvre de Ionesco se rattache au théâtre de l'absurde, qui lui-même rappelle les œuvres de Camus et de Sartre. En quoi la conception de l'absurde de Ionesco se différencie-t-elle de celle de ces deux auteurs ? Se montre-t-il plus pessimiste ou, au contraire, plus opti- miste que Camus et Sartre ?
- En quoi le théâtre de l'absurde est-il lié au contexte histo- ricopolitique dans lequel il a vu le jour ?
- Selon vous, cette pièce est-elle une comédie ou une tragédie ? Justifiez votre avis.

POUR ALLER PLUS LOIN

ÉDITION DE RÉFÉRENCE

- Ionesco E., *Rhinocéros*, Paris, Gallimard, coll. « Folio », 1959.

ÉTUDES DE RÉFÉRENCE

- Frois E., Rhinocéros. *Ionesco*, Paris, Hatier, coll. « Profil littérature », 1992.
- Hamon P. et Roger-Vasselin D. (dir.), *Le Robert des grands écrivains de langue française*, Paris, Le Robert, 2000.
- Ionesco E., *Notes et contre-notes*, Paris, Gallimard, 1966.

SUR LEPETITLITTÉRAIRE.FR

- Commentaire de l'incipit de *Rhinocéros*
- Commentaire du monologue final de Bérenger dans *Rhinocéros*
- Fiche de lecture sur *La Cantatrice chauve* d'Eugène Ionesco
- Fiche de lecture sur *La Leçon* d'Eugène Ionesco
- Fiche de lecture sur *Le roi se meurt* d'Eugène Ionesco

ISBN version numérique : 978-2-8062-8356-6
ISBN version papier : 978-2-8062-8357-3
Dépôt légal : D/2016/12603/332

Avec la collaboration de Larissa Duval pour les chapitres suivants : « Bérenger », « Contexte d'écriture », « Le théâtre de l'absurde », « Entre idéologies totalitaires… », « … Et orthodoxie intransigeante » et « La condition humaine en crise ».

Conception numérique : Primento,
le partenaire numérique des éditeurs.

Ce titre a été réalisé avec le soutien de la Fédération Wallonie-Bruxelles, Service général des Lettres et du Livre.

Retrouvez notre offre complète sur lePetitLittéraire.fr

- des fiches de lectures
- des commentaires littéraires
- des questionnaires de lecture
- des résumés

ANOUILH
- Antigone

AUSTEN
- Orgueil et Préjugés

BALZAC
- Eugénie Grandet
- Le Père Goriot
- Illusions perdues

BARJAVEL
- La Nuit des temps

BEAUMARCHAIS
- Le Mariage de Figaro

BECKETT
- En attendant Godot

BRETON
- Nadja

CAMUS
- La Peste
- Les Justes
- L'Étranger

CARRÈRE
- Limonov

CÉLINE
- Voyage au bout de la nuit

CERVANTÈS
- Don Quichotte de la Manche

CHATEAUBRIAND
- Mémoires d'outre-tombe

CHODERLOS DE LACLOS
- Les Liaisons dangereuses

CHRÉTIEN DE TROYES
- Yvain ou le Chevalier au lion

CHRISTIE
- Dix Petits Nègres

CLAUDEL
- La Petite Fille de Monsieur Linh
- Le Rapport de Brodeck

COELHO
- L'Alchimiste

CONAN DOYLE
- Le Chien des Baskerville

DAI SIJIE
- Balzac et la Petite Tailleuse chinoise

DE GAULLE
- Mémoires de guerre III. Le Salut. 1944-1946

DE VIGAN
- No et moi

DICKER
- La Vérité sur l'affaire Harry Quebert

DIDEROT
- Supplément au Voyage de Bougainville

Dumas
• Les Trois
  Mousquetaires

Énard
• Parlez-leur
  de batailles,
  de rois et
  d'éléphants

Ferrari
• Le Sermon sur la
  chute de Rome

Flaubert
• Madame Bovary

Frank
• Journal
  d'Anne Frank

Fred Vargas
• Pars vite et
  reviens tard

Gary
• La Vie devant soi

Gaudé
• La Mort du
  roi Tsongor
• Le Soleil des
  Scorta

Gautier
• La Morte
  amoureuse
• Le Capitaine
  Fracasse

Gavalda
• 35 kilos d'espoir

Gide
• Les
  Faux-Monnayeurs

Giono
• Le Grand
  Troupeau
• Le Hussard
  sur le toit

Giraudoux
• La guerre de
  Troie
  n'aura pas lieu

Golding
• Sa Majesté des
  Mouches

Grimbert
• Un secret

Hemingway
• Le Vieil Homme
  et la Mer

Hessel
• Indignez-vous !

Homère
• L'Odyssée

Hugo
• Le Dernier Jour
  d'un condamné
• Les Misérables
• Notre-Dame
  de Paris

Huxley
• Le Meilleur
  des mondes

Ionesco
• Rhinocéros
• La Cantatrice
  chauve

Jary
• Ubu roi

Jenni
• L'Art français
  de la guerre

Joffo
• Un sac de billes

Kafka
• La Métamorphose

Kerouac
• Sur la route

Kessel
• Le Lion

Larsson
• Millenium 1. Les
  hommes qui
  n'aimaient pas
  les femmes

Le Clézio
• Mondo

Levi
• Si c'est un
  homme

Levy
• Et si c'était vrai...

Maalouf
• Léon l'Africain

MALRAUX
- La Condition humaine

MARIVAUX
- La Double Inconstance
- Le Jeu de l'amour et du hasard

MARTINEZ
- Du domaine des murmures

MAUPASSANT
- Boule de suif
- Le Horla
- Une vie

MAURIAC
- Le Nœud de vipères

MAURIAC
- Le Sagouin

MÉRIMÉE
- Tamango
- Colomba

MERLE
- La mort est mon métier

MOLIÈRE
- Le Misanthrope
- L'Avare
- Le Bourgeois gentilhomme

MONTAIGNE
- Essais

MORPURGO
- Le Roi Arthur

MUSSET
- Lorenzaccio

MUSSO
- Que serais-je sans toi ?

NOTHOMB
- Stupeur et Tremblements

ORWELL
- La Ferme des animaux
- 1984

PAGNOL
- La Gloire de mon père

PANCOL
- Les Yeux jaunes des crocodiles

PASCAL
- Pensées

PENNAC
- Au bonheur des ogres

POE
- La Chute de la maison Usher

PROUST
- Du côté de chez Swann

QUENEAU
- Zazie dans le métro

QUIGNARD
- Tous les matins du monde

RABELAIS
- Gargantua

RACINE
- Andromaque
- Britannicus
- Phèdre

ROUSSEAU
- Confessions

ROSTAND
- Cyrano de Bergerac

ROWLING
- Harry Potter à l'école des sorciers

SAINT-EXUPÉRY
- Le Petit Prince
- Vol de nuit

SARTRE
- Huis clos
- La Nausée
- Les Mouches

SCHLINK
- Le Liseur

SCHMITT
- La Part de l'autre
- Oscar et la
  Dame rose

SEPULVEDA
- Le Vieux qui
  lisait des romans
  d'amour

SHAKESPEARE
- Roméo et Juliette

SIMENON
- Le Chien jaune

STEEMAN
- L'Assassin
  habite au 21

STEINBECK
- Des souris et
  des hommes

STENDHAL
- Le Rouge et
  le Noir

STEVENSON
- L'Île au trésor

SÜSKIND
- Le Parfum

TOLSTOÏ
- Anna Karénine

TOURNIER
- Vendredi ou
  la Vie sauvage

TOUSSAINT
- Fuir

UHLMAN
- L'Ami retrouvé

VERNE
- Le Tour
  du monde
  en 80 jours
- Vingt mille
  lieues sous
  les mers
- Voyage au
  centre de
  la terre

VIAN
- L'Écume des jours

VOLTAIRE
- Candide

WELLS
- La Guerre des
  mondes

YOURCENAR
- Mémoires
  d'Hadrien

ZOLA
- Au bonheur
  des dames
- L'Assommoir
- Germinal

ZWEIG
- Le Joueur
  d'échecs